A Isabel Pérez Orozco

Yo fui uno de esos muchos adolescentes que pensaban que en la vida se debe probar de casi todo. En el primer momento de mi juventud, hubo muchas cosas que nunca debí probar. El tabaco es lo que más problemas me ocasiona a la hora de querer abandonarlo. Ya se dice que «Quien juega con fuego, se acaba quemando», o «La ignorancia mata». Cuando empecé a salir de fiesta con mis amigos, fumaba de vez en cuando, pensaba que era capaz de controlarlo, y que me proporcionaba libertad, más tranquilidad; pasaron ya casi 30 años, me doy cuenta que me convertí en un drogadicto, ya no soy capaz de disfrutar fumando. Lo más dramático, es que a pesar de ser conocedor de lo anterior, continuo encendiendo la llama en mi interior.

Al dejar de fumar, mucha gente asegura que lo pasó mal, como si fluyera la sangre por su cuerpo buscando la nicotina del tabaco. Pero si continúas con la enfermedad del tabaquismo, probablemente llegarás a padecer de problemas en el corazón, en los pulmones, o en el cerebro... Fumar no sabe a nada, hasta expulsarás sangre por la boca sí sigues fumando. Al aislarte en la propia reflexión, serás perfectamente consciente de todos los problemas que puede ocasionar esta adicción, y combatir con la ansiedad. Está muy extinguida la frase que dice «Más vale tarde que nunca», pero lamentablemente no es cierto. Si quieres dejar de fumar, lo primero que debes de hacer, es tener siempre presente, las características de tu personalidad, porque no todos tenemos una misma forma de vivir. La vida siempre exige, y estas exigencias nos dicen que debemos aliviarnos del dolor y sufrimiento para conseguir un futuro mejor. Los valores como el respeto, la responsabilidad, o las actitudes con las que afrontamos el destino, se convertirán en una nueva forma de comprender la vida. No se deben buscar motivos para sumergirse en un mundo que no es real, ni inventar los porqués para tener a alguien a quien culpar por lo que nos ocurre. La cabeza del ser humano, no es sólo para peinarse, sino que se tiene que emplearse para reflexionar en nuestros actos. Hay que ser personas responsables, y asumir las consecuencias de lo que hacemos con nuestra propia vida.

Leí en un artículo que los primeros cultivos de esta planta, ya existían hace cinco mil o tres mil años antes de Cristo. Cuando Colón llegó a América, fumar era una de las muchas variedades de consumir el tabaco; entre otras, se aspiraba por la nariz (como la cocaína). Los Mayas se lo ofrecían a Chad, su dios de la lluvia. Rodrigo de Jerez y Luis de la Torre, fueron los primeros europeos en conocer su existencia. Colón y Cortés, enviarían semillas de la planta, a la Corte española. Rodrigo, a su vuelta, fue encarcelado por la Inquisición, acusado de brujería, ya que sólo el diablo podía dar a un hombre el privilegio de sacar humo por la boca. Médicos más filósofos tratarían de combatir estos malos humos, y el Papa Urbano VIII, lanzó un mensaje contra el uso del tabaco. Hay quien lo atribuyó al declive del Imperio español. Pero aún, hasta el año 1990, no se empezó a hacerse mucho caso del efecto nocivo del tabaco para la salud; no se tenía en cuenta su gravedad, o no interesaba. En 1992 se estableció que las empresas que lo comercializaban, cometían delito, si ocultaban al consumidor la información de su contenido. El tabaco es el causante de una de cada 10 muertes en el mundo. Ya en 1995 el gobierno chino restringió la publicidad de esta droga, porque las estadísticas señalaban que en pocos años más tarde, el estado no podría afrontar los gastos médicos destinados a los fumadores. Quizá, esos mismos costos, hacen su efecto en la economía española. En España cada año mueren más personas debido al consumo de tabaco, que por los accidentes de tráfico, y el consumo de todas las drogas ilegales. La Organización Mundial de la Salud, intentó prohibir en el año 2001 la publicidad del tabaco en todo el mundo. Aunque se diga que todos tenemos libertad de decisión en nuestras propias vidas, parece ser que en el caso de los poseídos por el tabaquismo, no sucede así. Los que elaboran el tabaco, se aseguran de que haya suficiente nicotina en cada cigarro, para mantener la adicción.

Todos los paquetes se comercializan con mensajes como: «Fumar mata», «Fumar puede matar» o «Fumar daña gravemente su salud y la de las personas que están a su redor»... pero quizá, se debería prohibir su venta, y no transmitir mensajes tan profundos que recuerdan al sambenito que utilizaba la Inquisición, o que le ponía Hitler a los judíos.

Las complicaciones derivadas de su consumo, se perciben a largo plazo. La acción continuada de los cigarros sobre el organismo, agrava considerablemente, los problemas cardiovasculares, y los respiratorios. El uso en conjunto con el alcohol, aumenta sus daños. La Sociedad Española de Neumología y Cirugía Torácica, hizo especial hincapié en el carácter dañino del tabaquismo. La Organización Mundial de la Salud, apoyó estas medidas. En un comunicado de prensa, publicado en el año 2008, se instaba a los gobiernos a comprometerse con la prevención, incluso, con la prohibición total de la promoción, y su publicidad. En España, según el Comité Nacional para la Prevención del Tabaquismo, se calcula que cada año mueren muchísimas personas, al verse expuestas al humo del tabaco. Por eso, quizá tampoco se debería permitir la presencia del tabaco en el cine, ni en la televisión, en las revistas o en las vallas publicitarias, ya que, su representación genera en los fumadores, encender un cigarro. Sólo las hojas de esta planta, contienen «ácido málico», «cítrico», «oxálico», «acético», «gálico», «láctico», y «nicotínico»; «pectina», «tanino», «levulosa», «sustancias resinosas», «parafina», «cetona», «fosfatos», «nitratos», «sales de ácidos orgánicos»... Se dice que del cerdo se aprovecha todo, resulta que con el tabaco ocurre algo similar; de la sagrada planta se aprovechan las semillas, las raíces, el tallo, las hojas, las flores...El cigarro, consta de alrededor de 4500 productos químicos, entre ellos destacan la «acetona» (es un ingrediente principal en la pintura, y en el esmalte de uñas), el ácido «acético» (lo contienen los tintes y reveladores de pelo), el ácido «esteárico» (se usa en la cera de verla), el amoniaco (todos conocemos este limpiador típico de la casa), el «arsénico» (se usa en el veneno para las ratas), el «benceno» (está presente en el cemento de goma), el butano (un combustible excesivamente conocido), el «cadmio» (se encuentra en las baterías y pintura de aceite), el «cianuro de hidrógeno» (es un veneno que podemos hallar en el gas), el «cloruro de vinilo» (hablamos de un ingrediente que se ve en los bolsos de la basura), el «fenol» (con él se hacen plásticos), la «hidracina» (se halla en combustibles y los cohetes), el metano (es un gas utilizado cómo carburante), el «metanol» (es un compuesto empleado en los proyectiles), el monóxido de carbono (es un veneno que también está presente en el humo de escape de los coches), el «polonio» (tiene un poder de radiación, igual a 300 radiografías de pecho en un año).

La nicotina es la responsable de la adicción, y está presente en la planta, y también en el humo procedente de su combustión. En los cigarros, se encuentra en forma que no se disuelve en la saliva; el fumador se ve más que obligado a inhalar profundamente, y las sustancias dañinas pasan a la sangre. Esta substancia tan aditiva, tiene una vida aproximada de unas dos horas. Después de ese tiempo, el fumador vuelve a tener mayores deseos de fumar. La inhalación de estos malos humos, envía moléculas hasta el cerebro, en tan sólo segundos. Allí halla receptores en las células, y libera unas ondas, que ofrecen una sensación de un fingido bienestar, que en ningún momento existe, con el que se establece con comodidad el placer. El tabaco juega con nosotros, se convierte en nuestro amo, y nosotros como si fuésemos estúpidos, cumplimos sus órdenes. En el Reino Unido, se analizó el daño que provocaban algunas de las sustancias del tabaco. En una escala que reflejaba el daño que podía hacer este veneno, se comparaba con el alcohol, la heroína, la cocaína, la droga de violación, la metadona, el éxtasis, el cannabis, y la marihuana, entre otras. Al incluirse amoniaco en el tabaco, la nicotina llega al cerebro más rápido, así como los agujeros en los cigarros, permiten a las personas respirar el humo más profundamente en los pulmones. También, el azúcar consigue una experiencia más agradable, especialmente para los fumadores noveles. Muchos fumadores, intentan dejar este veneno, pero sólo un porcentaje minoritario logra abandonarlo, y después de varios intentos. El fracaso, al querer rechazarlo, no es un reflejo de una falta de motivación. El tabaco, es capaz de generar una dependencia entre moderada, y severa en la mayor parte de los casos, comparable a otras drogas como la cocaína o la heroína. Su tratamiento además de la decisión del fumador, puede precisar una terapia específica, y apoyo psicológico. Al dejar de fumar, los receptores de nicotina se desactivan. Al no seguir matándote cada vez que enciendes un cigarro, muestra especial cuidado, con las situaciones en las que se ve fumar a otra persona, o cuando se bebe una taza de café, y se toman bebidas alcohólicas, así como después de las comidas. El hecho de sentirse decepcionado, herido, resentido, asustado, frustrado, o sólo, no es un motivo para fumar. Al dejarlo, vuestra salud, va a mejorar en múltiples aspectos. Ahorrarás mucho dinero, que se podrá emplear en otras cosas más necesarias, o que realmente te hagan sentir mejor.

Una estadounidense, le ganó una batalla legal a «Philip Morris». Ella tenía una enfermedad pulmonar que le obligó a vivir permanentemente junto a una botella de oxígeno. La primera denuncia en España por las consecuencias del tabaco, la puso una mujer, por la muerte de cáncer de pulmón de su marido. Ella era la viuda de un fumador de 43 años, que había empezado a fumar a los 14. Trabajaba como fotógrafo y continuó con la adicción durante décadas; dejó de hechizar su cuerpo con humo dos años antes de morir. Muchos de los que dejan de fumar, lo hacen cuándo saben que el tabaco les hace mucho daño, pero ya es tarde. El letrado de este caso, aseguró que la adicción al tabaco sería diferente, si obligaran a los fumadores, a firmar una renuncia a los daños que puedan sufrir, explicándoles los riesgos que tiene lo que hacen. Yo pienso que estas medidas no son suficientes, quizá se podía ilegalizar la venta de este veneno, o que quienes lo comercializan, estuviesen obligados a no vender más de una cierta cantidad a cada fumador. Al dejar de fumar, vuestro hogar no tendrá ese peculiar olor a tabaco. La familia, y algunos amigos, se alegrarán muchísimo.

Cuando se empieza a fumar, por el erróneo motivo que sea, el fumador no encuentra causa alguna para dejar el tabaco, y no nota aún ninguno de los efectos negativos derivados de fumar. Una vez que ya siente la enfermedad, ve la posibilidad de tener que dejarlo, porque asume las consecuencias negativas para su salud. El enfermo, llega un momento que está ya preparándose para dejar pronto el tabaco, e intenta disminuir el número de cigarros fumados al día, o cambiar a una marca con contenido más bajo de alquitrán o nicotina. Generalmente se producen varios intentos antes de lograr el abandono. Después de 1 año de abandonar el tabaco, el riesgo de enfermedad coronaria de un fumador, desciende a la mitad. Al dejar de fumar, vuestra salud va a mejorar en múltiples aspectos. El tabaco causa la muerte de casi 6 millones de personas al año. De seguir esta tendencia, en el 2030 la cifra podría aumentar hasta más de 8 millones anuales. Tres de cada cuatro fumadores quieren dejar de fumar, conscientes de los peligros del consumo de esta misma droga. Pero a la mayoría les resulta difícil abandonar el hábito sin ayuda, y muchos deben recurrir a ella para superar su dependencia. El 90% de los casos del cáncer de pulmón corresponden a fumadores. Un cigarro aumenta la presión sanguínea, y destruye aproximadamente, 25 miligramos de vitamina C. Unos días sin fumar, permiten apreciar mejoras en la capacidad para oler y saborear alimentos, y también a nivel respiratorio.

Para dejar el tabaco, reflexiona acerca de los objetivos que expones, a largo y a corto plazo. También es necesario, dejar los temores al fracaso; lo único que tienes que hacer, es prepararlo todo bien, para afrontar este reto con éxito. Si los objetivos están claramente definidos, y apuntan en buena dirección, será mucho más fácil conseguir el resultado idóneo. Al tener claro a dónde vas a dirigir el trabajo, la correcta coordinación resultará más fácil. De esta forma, te encaminas a la consecución de una serie de fines generales, como la obtención de beneficios para la salud, y también económicos. Se pueden encontrar, una multitud de lugares que nos acercan la posibilidad de relacionarnos socialmente sin humo, fomentando las relaciones personales, favoreciéndonos a nosotros mismos, ya que estando limpios de este veneno, se van a desarrollar mejor nuestras habilidades y capacidades. Los objetivos que pretendamos conseguir al dejar de fumar, no son inamovibles, sino que deben variar según cambie la estructura del mundo en el que nos hallamos. Es necesario establecer una tabla de prioridades, viendo el lado positivo y el negativo del tabaquismo. La estrategia a seguir, consistirá en uno conjunto de acciones que permitirán conseguir los objetivos a largo plazo. Afectará al estilo de dirección, a la toma de decisiones, o a los recursos que se encaminan al logro de tus propósitos, además de que te proporcionará una base para establecer las relaciones entre los grupos con los que te relacionas. También puedes estudiar las estrategias que utilizan otros, y a través de ellas, formulas las tuyas. A la hora de definir la táctica, empezaremos precisando el proyecto a un nivel global, y después se establecerá el grado de desarrollo funcional. Todos estos elementos, tienen que apuntar a una misma dirección. Cada uno de los objetivos que anteriormente exponemos, deberán ir encaminados al logro de la estrategia definida previamente. Al encontrarte con una posición mejor, tendrás más ganas de enfrentarte a este reto. Construirás el mejor talante, partiendo de tu identidad, el estilo, o los valores. Así establecerás el camino por el cual vas a continuar en el futuro. Al iniciarse este proyecto, debes de optar con la concentración necesaria. A medida que avanzas, es posible sentir cierto temor al fracaso, todo tiene su riesgo, es decir, la posibilidad de que se produzca algún problema.

Párate a pensar, como coño le vas a decir a tus hijos que no fumen cuando se hagan mayores, si tú tienes el cigarro en las manos continuamente. Al tener una vida sin humo, todo son ventajas; si crees que para dejarlo vas a pasar por momentos muy difíciles, piensa en el hospital y en las bombonas de oxígeno. Si estás en tu casa, puedes superar la adicción al tabaco, canjeándolo por una zanahoria. Cuando estás de fiesta por las noches, puedes tener un caramelo, en la boca. ¿Aún no estás cansado o cansada de pasar frío para poder fumar? Quizá estás a gusto como persona, al no poder pagar algunas cosas que se merece tu vida, y prefieres invertir el dinero en comprar tabaco. Si pretendes reducir el consumo de esta droga, antes de dejarla definitivamente, lo único que vas a conseguir es agudizar tu dependencia. La conciencia que se debe tener, es tan importante, que para comprobarlo, solamente se precisa buscar en Google «dejar de fumar online gratis», «ayuda para dejar de fumar gratis», «hipnosis para dejar de fumar»,; incluso aparecerán muchos resultados buscando «foro de no fumadores».

Escribid en un folio, todas las razones que se os ocurran para dejar vuestra adicción, buscad en enciclopedias, periódicos, o en la red; y por lo contrario, las que os hacen pensar en continuar maltratando vuestros cuerpos. Será un análisis, al cual podéis recurrir cuándo comprobéis que vuestra fuerza de voluntad, presenta debilidad. En este escrito, aclarad cuál es la finalidad que queréis conseguir, y lo que vais a necesitar en el proceso. Trazad un plan siguiendo la descripción de vuestro esfuerzo. No te olvides de dejar bien claro, en qué consistirá tu actividad, los objetivos que seguirás, y las estrategias para conseguirlos. Describe también las características, las funciones que veis a vuestro favor, o en vuestra contra. Recopilar todas las notas relativas a los elementos que pueden influir en vosotros, porque tendréis que tenerlos en cuenta para trazar las estrategias. Tras este análisis, y con la información recopilada, podréis describir las fortalezas y debilidades. Haced un plan económico, con las cuentas del amplio abanico de posibilidades que se abren, y podréis disponer de ellas en el futuro. Es un documento que haréis al comenzar vuestro propósito, pero lo seguiréis ampliando y actualizando a medida que progresáis. No seáis demasiado optimistas, aumentando las estimaciones, ni ignorando o restando importancia a las que vosotros creéis que pueden ser las debilidades. No queráis dar la impresión de ser alguien que no sois; debéis ser realistas.

Seguir una dieta equilibrada, completa, y variada, te ayudará a conseguir tu propósito. Se trata de 5 comidas a lo largo del día (el desayuno, un almuerzo a media mañana, la comida del mediodía, la merienda, y la cena). No se trata de comer más cantidad, sino que tienes que dividir, los alimentos que vas a comer durante todo el día. Al mismo tiempo, elabora tu propio horario, y es recomendable que agregues ejercicios físicos, al igual que alguna actividad saludable que te guste; recuerda que siempre han de ser a la misma hora.

Al levantarte de la cama, comienza el día con una ducha, desayuna sin café, come abundante fruta; para almorzar y cenar utiliza alimentos ligeros y ricos en vitamina B, como abundantes verduras, frutas y cereales. Las comidas muy pesadas, te facilitarán la pérdida de control sobre el tabaco, así que, debes evitarlas. Al término del almorzar, no te sientes a descansar, y haz siempre algo que te guste, para no pensar en el tabaco. Tienes que beber mucha agua, ya que es la mejor manera de eliminar la nicotina de tu organismo. Es muy aconsejable que no tomes café ni alcohol, ya que, ellos fueron tus compañeros de viaje a través del tabaquismo. Si tienes la oportunidad de elegir, procura estar acompañado, de personas que no fuman. Durante los primeros días que dejes de fumar, es normal, notar tendencia a estar de mal humor, o dificultades para concentrarse, insomnio, aumento del apetito... Esos síntomas, no durarán mucho tiempo. Al dejar el tabaco se obtienen muchas ventajas, como que disminuye el riesgo de contraer enfermedades pulmonares, o cáncer. Si consigues dejarlo, se normalizan los niveles de presión sanguínea y el pulso, disminuye el riesgo de ataques al corazón, al igual que la desaparición de la tos, las congestiones, la fatiga y las dificultades respiratorias, el riesgo de cáncer de pulmón, boca, esófago; nuestra circulación, y la función de los pulmones se incrementará. Además, el humo del tabaco favorece a que se tiñan los dientes de amarillo, y produce mal aliento; asimismo el cigarro influye en la aparición de caries, al igual que no deja que se construya bien la dentadura. Trae problemas de infertilidad en las mujeres y provoca complicaciones durante el embarazo o el parto. Del mismo modo, afecta a la morfología de los espermatozoides, y también provoca envejecimiento prematuro de la piel. Se considera que el tabaco causa varias infecciones de los ojos, o pérdida del oído. Sí los fumadores, quedan dormidos con el cigarro, aparecerán quemaduras, o incluso la muerte, y su precio... puede desequilibrar la economía de cualquiera. Pero sí estas razones, no son suficientes, piensa en que las enfermedades vinculadas al consumo de este cultivo americano, son el mayor problema médico, desde la última década del siglo pasado. El tabaquismo mata más que el sida, la tuberculosis, los accidentes de tránsito, los homicidios y los suicidios. El 50 por ciento de las personas que continúan fumando, van a morir por culpa del tabaco, la otra mitad de ellos perderán muchos años de vida, y los ataques cardíacos serán unas 3 veces más comunes en fumadores. El tabaco, reduce la capacidad pulmonar de captar oxígeno, y expulsar dióxido de carbono. Su consumo, en la mayoría de las veces, deriva en un infarto, que es la muerte celular de un tejido, es decir, las células que mueren no se vuelven a regenerar nunca más, y el daño es permanente. Una parte de tu corazón dejará de funcionar, si puedes seguir viviendo, no será con la misma calidad de vida. A muchos adolescentes les gusta la sensación que sienten cuando fuman. Este sentimiento agradable viene de la nicotina; hay quien piensa que fumar les ayuda a perder peso o mantenerse delgados; si estás preocupado por ganar peso al no fumar, sigue una alimentación correcta, y haz ejercicio. Al dejar de fumar, hay gente que gana peso, sencillamente porque comienzan a comer más. La gente confunde la sensación de la necesidad de nicotina, con el hambre, y come para tratar de que se vaya ese sentimiento incómodo.

Cuantos más malos humos existan en tu cuerpo, más difícil será apagar el incendio. El problema aparece cuando vemos el peligro, o la sensación de que nos cuesta respirar, o nos duele el pecho... y llega a nuestro cerebro la señal de alarma. Al fumar, lo único que vas a conseguir, es matarte como un gilipollas; sí lo que buscas es sentir algún placer, vete al cuarto de baño, y mastúrbate.

En nuestras vidas, el tabaco se ha convertido en un asesino. Debería impartirse en el colegio, una materia llamada tabaquismo, la cual debería informar de los peligros que conlleva fumar, y como combatirlos.